STUDY PLANNER

D

MOOD	DATE.	MON	TUE	WED	THU	FRI	SAT	SUN

TODAY'S PRIORITY

- ○
- ○
- ○

PLAN		
		○
		○
		○
		○
		○
		○
		○
		○
		○
		○
		○
		○
		○
		○
		○
		○
		○
		○
		○

TOTAL TIME	H	M
6		
7		
8		
9		
10		
11		
12		
1		
2		
3		
4		
5		
6		
7		
8		
9		
10		
11		
12		
1		
2		
3		
4		
5		

COMMENT

SEOWONGAK

STUDY PLANNER

D-

MOOD

DATE.

MON TUE WED THU FRI SAT SUN

TODAY'S PRIORITY

- ○
- ○
- ○

PLAN

TOTAL TIME H M

6
7
8
9
10
11
12
1
2
3
4
5
6
7
8
9
10
11
12
1
2
3
4
5

COMMENT

SEOWONGAK

STUDY PLANNER

D - 888

MOOD	DATE.	MON	TUE	WED	THU	FRI	SAT	SUN

TODAY'S PRIORITY

- ○
- ○
- ○

PLAN

		○
		○
		○
		○
		○
		○
		○
		○
		○
		○
		○
		○
		○
		○
		○
		○
		○
		○
		○

COMMENT

TOTAL TIME	H		M			
6						
7						
8						
9						
10						
11						
12						
1						
2						
3						
4						
5						
6						
7						
8						
9						
10						
11						
12						
1						
2						
3						
4						
5						

SEOWONGAK

STUDY PLANNER

D - 888

MOOD ☺☻😐☹😖	DATE.	MON	TUE	WED	THU	FRI	SAT	SUN

TODAY'S PRIORITY

○

○

○

PLAN

		○
		○
		○
		○
		○
		○
		○
		○
		○
		○
		○
		○
		○
		○
		○
		○
		○
		○
		○

COMMENT

TOTAL TIME	H		M			
6						
7						
8						
9						
10						
11						
12						
1						
2						
3						
4						
5						
6						
7						
8						
9						
10						
11						
12						
1						
2						
3						
4						
5						

SEOWONGAK

STUDY PLANNER

D - 888

MOOD ☺☻☺☹☹	DATE.	MON	TUE	WED	THU	FRI	SAT	SUN

TODAY'S PRIORITY

- ○
- ○
- ○

PLAN

		○
		○
		○
		○
		○
		○
		○
		○
		○
		○
		○
		○
		○
		○
		○
		○
		○
		○
		○

TOTAL TIME	H			M		
6						
7						
8						
9						
10						
11						
12						
1						
2						
3						
4						
5						
6						
7						
8						
9						
10						
11						
12						
1						
2						
3						
4						
5						

COMMENT

SEOWONGAK

STUDY PLANNER

D - 888

MOOD	DATE.	MON	TUE	WED	THU	FRI	SAT	SUN

TODAY'S PRIORITY

- ○
- ○
- ○

PLAN

		○
		○
		○
		○
		○
		○
		○
		○
		○
		○
		○
		○
		○
		○
		○
		○
		○
		○
		○

TOTAL TIME	H		M			
6						
7						
8						
9						
10						
11						
12						
1						
2						
3						
4						
5						
6						
7						
8						
9						
10						
11						
12						
1						
2						
3						
4						
5						

COMMENT

STUDY PLANNER

D - 888

MOOD	DATE.	MON	TUE	WED	THU	FRI	SAT	SUN

TODAY'S PRIORITY

○

○

○

PLAN

○
○
○
○
○
○
○
○
○
○
○
○
○
○
○
○
○
○
○

TOTAL TIME H M

6						
7						
8						
9						
10						
11						
12						
1						
2						
3						
4						
5						
6						
7						
8						
9						
10						
11						
12						
1						
2						
3						
4						
5						

COMMENT

SEOWONGAK

STUDY PLANNER

D - 888

MOOD ☺ ☺ ☺ ☹ ☹	DATE.	MON	TUE	WED	THU	FRI	SAT	SUN

TODAY'S PRIORITY

○

○

○

PLAN		
		○
		○
		○
		○
		○
		○
		○
		○
		○
		○
		○
		○
		○
		○
		○
		○
		○
		○
		○

COMMENT

TOTAL TIME	H		M			
6						
7						
8						
9						
10						
11						
12						
1						
2						
3						
4						
5						
6						
7						
8						
9						
10						
11						
12						
1						
2						
3						
4						
5						

SEOWONGAK

STUDY PLANNER

D - 888

MOOD	DATE.	MON	TUE	WED	THU	FRI	SAT	SUN

TODAY'S PRIORITY

- ○
- ○
- ○

PLAN

		○
		○
		○
		○
		○
		○
		○
		○
		○
		○
		○
		○
		○
		○
		○
		○
		○
		○
		○

TOTAL TIME	H		M		
6					
7					
8					
9					
10					
11					
12					
1					
2					
3					
4					
5					
6					
7					
8					
9					
10					
11					
12					
1					
2					
3					
4					
5					

COMMENT

SEOWONGAK

STUDY PLANNER

D - 888

MOOD	DATE.	MON	TUE	WED	THU	FRI	SAT	SUN

TODAY'S PRIORITY

○

○

○

PLAN

○
○
○
○
○
○
○
○
○
○
○
○
○
○
○
○
○
○
○

TOTAL TIME	H	M
6		
7		
8		
9		
10		
11		
12		
1		
2		
3		
4		
5		
6		
7		
8		
9		
10		
11		
12		
1		
2		
3		
4		
5		

COMMENT

STUDY PLANNER

D -

MOOD	DATE.	MON	TUE	WED	THU	FRI	SAT	SUN

TODAY'S PRIORITY

- ○
- ○
- ○

PLAN

		○
		○
		○
		○
		○
		○
		○
		○
		○
		○
		○
		○
		○
		○
		○
		○
		○
		○
		○

COMMENT

TOTAL TIME	H		M			
6						
7						
8						
9						
10						
11						
12						
1						
2						
3						
4						
5						
6						
7						
8						
9						
10						
11						
12						
1						
2						
3						
4						
5						

SEOWONGAK

STUDY PLANNER

D -

MOOD	DATE.	MON	TUE	WED	THU	FRI	SAT	SUN

TODAY'S PRIORITY

- ○
- ○
- ○

PLAN

		○
		○
		○
		○
		○
		○
		○
		○
		○
		○
		○
		○
		○
		○
		○
		○
		○
		○
		○

TOTAL TIME	H	M
6		
7		
8		
9		
10		
11		
12		
1		
2		
3		
4		
5		
6		
7		
8		
9		
10		
11		
12		
1		
2		
3		
4		
5		

COMMENT

SEOWONGAK